Mrs Morgan y Milfeddyg

gan ALLAN AHLBERG

Addaswyd gan Lisa Jên Davies

CYFRES SBEIC AC ERAILL

Uned Iaith Genedlaethol Cymru

CBAC

Lluniau gan EMMA CHICHESTER CLARK

Mrs Morgan y Milfeddyg

Addasiad Cymraeg o *Mrs Vole the Vet* a gyhoeddwyd gyntaf ym Mhrydain Fawr ym 1996 gan Penguin Books Ltd.

Addaswyd i'r Gymraeg gan Lisa Jên Davies

Argraffiad cyntaf Hydref 1999

Cyhoeddwyd gan Uned Iaith Genedlaethol Cymru, Cyd-bwyllgor Addysg Cymru, 245 Rhodfa'r Gorllewin, Caerdydd CF5 2YX.

Mae Uned Iaith Genedlaethol Cymru yn rhan o WJEC CBAC Limited, elusen gofrestredig a chwmni a gyfyngir gan warant ac a reolir gan awdurdodau unedol Cymru.

ISBN 1 86085 403 6

Argraffwyd gan Wasg Gomer, Llandysul, Ceredigion SA44 4QL

Dyma Mrs Morgan, y milfeddyg.
Mae gan Mrs Morgan un mab,
dwy ferch,
tair cath,
pedwar ci.
Does gan Mrs Morgan ddim gŵr.

Mae gwraig newydd gyda Mr Morgan,
tri mab newydd,
ac un ar ddeg cwningen.
Anghofiwch e.

Mae Mrs Morgan yn gweithio'n galed.

Mae hi'n gweithio yn y dydd ac yn y nos,

wythnos ar ôl wythnos,

ac yn y gaeaf oer.

Does dim un anifail yn rhy fach.

Does dim un anifail
yn rhy fawr.

Does dim un anifail
yn rhy gyflym,

yn rhy araf,

nac yn rhy isel.

...uchel i Mrs Morgan,
y milfeddyg.

Does dim un
anifail yn rhy . . .

Mae Mrs Morgan wedi blino'n lân.
Mae hi'n dod adre o'r gwaith
ac yn cysgu ar y gadair.

Mae'r plant yn gwneud te
ac yn mynd i nôl ei sliperi.
Maen nhw'n poeni am Mam.

"Beth dych chi angen ydy *cariad*, Mam."

"Hmmm," meddai Mrs Morgan, "dych chi'n meddwl?"

"Ydyn," meddai'r plant.

"Sut gariad?"

"Un neis."

"Gyda gwên neis!"

"Waled neis!"

"A sgidiau pêl-droed neis!"

gwên neis

waled neis

sgidiau pêl-droed neis

Ac mae Mrs Morgan yn meddwl, "Hm!"

Dydd Mawrth mae Mrs Morgan
yn cwrdd â Mr Griffith, gofalwr y goleudy.

Mae gwên neis gyda fe,
cath neis,
a goleudy neis.

"Mae e'n O.K.," meddai'r plant.
"Hm," meddai Mrs Morgan. "Y broblem ydy...

...GORMOD O STEPIAU!"

"Iawn, Mam," meddai'r plant.
"Anghofiwch e."

Dydd Gwener mae Mrs Morgan
yn cwrdd â Mr Ffein, y ffermwr.

Mae gwên neis, tryc neis,

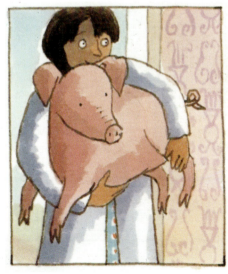

llyfr sieciau neis iawn a mochyn sâl gyda fe.

"Mae *e'n* O.K., Mam," meddai'r plant.
"Hm," meddai Mrs Morgan.
"Dych chi'n meddwl?"
"Ydyn!"

"Llyfr siec hyfryd!"

"Mochyn hyfryd!"

"Hm," meddai Mrs Morgan.

"Y broblem ydy...

...CANT O FOCH ERAILL!"

"Whiw!" meddai'r plant.

"Anghofiwch e!"

Mae Mrs Morgan yn mynd yn ôl i'r gwaith.
Mae hi'n gweithio'n galed.
Mae hi'n gweithio saith diwrnod yr wythnos.

Does dim byd yn rhy fawr   nac yn rhy fach.

Does dim byd yn rhy wlyb   nac yn rhy smotiog.

Does dim byd yn rhy anodd   nac yn rhy wirion.

Mae Mrs Morgan wedi blino'n lân.
Mae hi'n dod adre o'r gwaith
ac yn cysgu wrth y bwrdd.
Mae'r plant yn gwneud y brecwast,
a mynd i nôl ei sliperi.
Maen nhw'n poeni am Mam.

"Wir, Mam, beth dych chi angen
ydy cariad," meddai'r plant.
"Hm," meddai Mrs Morgan.
"Dych chi'n meddwl?"

Dydd Sadwrn, mae Mrs Morgan yn cyfarfod . . .

. . . y sarjant sur.
"Mae e'n bwlio!"

. . . y groser llysiau.
"Mae e'n drewi!"

. . . yr actor amatur.
"Mae e'n embaras!"

Aaargh!

"O diar," meddai'r plant.
"Dim diolch!"

Un bore mae dyn wrth y drws
mewn côt wen neis.
Mae gwên neis gyda fe
ac mae aderyn bach
tost gyda fe.

"Helô 'na," meddai Mr Llwyd
y dyn llaeth.

Mae Mrs Morgan yn edrych ar ôl yr aderyn.
Mae'r plant yn edrych ar ôl y dyn llaeth.

Mae Mr Llwyd yn mynd.

Mae'r plant yn gwenu.

"Mae *e'n* O.K., Mam."

"Dych chi'n meddwl?"

"Ydyn!" meddai'r plant.

"Dim stepiau!"

"Dim moch!"

"Dim bwlio!"

"Wel," meddai Mrs Morgan,
"y broblem ydy ...

...MRS LLWYD!"

Dydd Sadwrn, mae Mrs Morgan
a'r plant yn gwneud picnic ac
maen nhw'n mynd i lan y môr.

Mae hi'n braf.
Mae'r tywod yn gynnes.
Mae'r plant yn chwarae yn y tonnau.

Mae Mrs Morgan yn gwenu.
Mae hi'n dringo grisiau'r *goleudy*.

"O wel," meddai.
"Beth ydy ychydig o stepiau...

... rhwng ffrindiau?"

Y DIWEDD